シンプルな生地でいろいろ作れる**米粉パン**

池田愛実

文化出版局

この本は私にとって初めての米粉パンの本です。

今までずっと小麦粉のパン教室をやってきたくらいですから、小麦粉製品は大好きです。小麦粉のアレルギーでもありません。20代までは三食とおやつもパンということも少なくありませんでした。

それがなぜ米粉のパン作り？ と思われるかもしれません。私はもともと肌荒れしやすい体質でしたが、とあるパン作りの書籍の撮影で連日大量のパンを食べたとき、ひどく肌荒れしたことがありました。アレルギーはなくても、大量に食べることによって腸に負担がかかっていたのかもしれません。小麦粉はほかの食品に比べると消化されにくく、未消化物質がたまると腸に炎症が起こりやすくなります。どんな食品でも食べすぎて栄養が偏ることが体によくないのは当然ですよね。大量の小麦粉をやみくもにとっていた私は、少しずつ米粉を食事に取り入れることによって「減グルテン」の日を作ったり、「グルテンフリーデー」を設けたりするようになりました。グルテンによる影響の受けやすさは人それぞれですが、2週間ほど控えてみると、体調に変化を感じられるかたもいるようです。

米粉のパン作りを始めた当初は失敗の連続でした。小麦粉と米粉では作り方がまったく異なるからです。「グルテン」がないことによってこんなにも生地がふくらまず、時間がたつとパサつきやすくなるんだ……と、グルテンの偉大さを感じさせられました。それを改善するために試行錯誤しましたが、いくら試作品ができても家族にご飯と同じような感覚で朝昼晩と出せるので、消費するのには困りませんでした。やさしい甘みを感じるクラム（中身の部分）や、お煎餅のように香ばしく焼けたクラスト（外側の皮の部分）を嫌いなかたは、お米を主食とする日本人には少ないのではないかと思います。

今まで焼いてきた小麦粉のパンを米粉に置き換えて焼いても、まったく同じものにはなりません。でも小麦粉のパンに似なかったら失敗、ではないと思っています。米粉には米粉特有のおいしさがあるのです。この本では定番のパンをたくさん紹介していますので、ぜひ味や食感の違いを楽しんでくださいね。

今でも小麦粉製品が大好きですし、これからも職業柄、パン作りをやめることはないですが、長くパンを楽しむためにも米粉のパンを積極的に生活に取り入れていきます。私のパン作りに新たな選択肢が加わったことは、これからの「パン人生」を豊かにしてくれると確信しています。

池田愛実

はじめに

目次

はじめに

10 **CHAPTER 1**

いろいろな型で焼く
米粉パン

★ 大さじ1＝15mℓ、小さじ1＝5mℓです。
★ オーブンは電気オーブンを使っています。
　ガスオーブンの場合は、マイナス10～20℃で
　焼いてください。
　ただし、温度と焼き時間は目安です。
　熱源や機種によって多少差があるので、
　様子を見ながら加減してください。
★ オーブンの発酵機能の操作は機種によって異なります。
　取扱説明書を確認してください。
★ 電子レンジは600Wを基準にしています。
★ オリーブオイルはエキストラバージンオリーブオイル、
　塩は自然塩を使います。

知っておきたい米粉の特徴

　米粉は、お米を粉末状にしたもの。以前は米粉だけではおいしいパンは作れないと言われていましたが、近年、米を微細に製粉する技術が進歩したことで、米粉100%でもふっくらとしたパンができるようになりました。

　米粉が小麦粉と決定的に違うのは「グルテン」が含まれていないこと。水を含むと粘り気が出るグルテンは、網目状の骨格となり、酵母菌から発生される炭酸ガスを抱き込んでふっくらとふくらませる役目があります。米粉にはこのグルテンが含まれないので、パンを作る際は右記のような違いがあります。

1 こねなくていい

小麦粉のパンはしっかりした骨格を作るためにパンの生地を10分以上こねるのが一般的ですが、米粉にはそもそもグルテンが含まれないのでこねる必要はありません。こね不足、こねすぎになる心配もありません。本書ではハンドミキサーで混ぜる、お菓子に似た作り方をします。米粉の粘り気を引き出し、ふっくらとしたパンを作るためです。

2 発酵は短時間

小麦粉のパンはゆっくり時間をかけて生地を発酵させますが、米粉のパンはグルテンがない分、気泡を逃さないようにするため、発酵時間は短めです。本書の米粉パンでは一次発酵15分、二次発酵25分以上と、小さいパンならトータルで1時間ちょっとで作ることができるので手軽です。

3 乾燥に注意

こねから焼成、そして保管においても、小麦のパンに比べると乾燥しやすい米粉パン。生地の状態で乾燥してしまうと焼成でひび割れやすくなるため、こまめに霧吹きをする、スチームモードで焼く、生地を覆って焼くなどの工夫が必要です。また炊いたご飯と同様、焼けたパンを室温に出しておくとかたくなりやすいので、ビニール袋やラップで包んで保存します。

4 もっちりとした食感

グルテンを含まない米粉で作ったパンは、ふくらみが控えめで、もっちりした独特の食感。その分食べごたえがあり、腹持ちもいいです。焼いた当日が一番おいしいので、家庭で手作りするのにぴったりのパンです。

★ほかにも、油を吸いにくい、アミノ酸がバランスよく配合されているなど、体にうれしい特徴や、食料自給率アップに貢献できるというメリットもあります。

この本で使う米粉と基本の材料

この本で使う米粉は「パン用ミズホチカラ」

九州で育った米「ミズホチカラ」を100%原料としたパン用米粉。「ミズホチカラ」は米粉用として開発された品種です。一般的な食用のうるち米で作られた米粉に比べ、製パン適性が高いのが特徴です。粒子が細かく、粉にするときのでんぷんの損傷が少ないため、生地の中に作られた気泡を保持してふっくらとボリュームがあり、しっとりとした口当たりの米粉パンを作ることができます。米粉の種類によって吸水やふくらみが異なるので、本書のレシピではこちらの米粉で作ってください。

米粉以外の基本の材料

サイリウム……オオバコ属のプランタゴ・オバタという植物の種皮を粉末状にしたもので天然の食物繊維が豊富。水分を吸ってくれるので、ベタつく米粉パンの生地をきれいに成形するのに欠かせない存在です。この本では、「Chapter 2 手で成形して作る米粉パン」で使います。無味無臭なので生地の味を邪魔しないのも魅力です。

きな粉……淡白な米粉の味に香ばしさをプラスします。米粉だけで作るよりも歯切れがよく、小麦粉のパンに近い食感になります。

砂糖……この本で使う砂糖は上白糖。米粉の白い色を生かして焼き上げたいので、真っ白の砂糖をチョイス。グラニュー糖でも可。仕上げにまぶすときは、やさしい甘さのすだき糖を使うことも。

塩……とがったしょっぱさがなく、深い味わいの自然塩「ゲランドの塩」の微粒タイプ。通常の顆粒タイプよりもさらに細かいパウダー状なので、溶けやすく、パン作りに適しています。

ドライイースト……イーストはパンをふくらませる役割。使いやすいのは、顆粒状に加工したインスタントドライイーストで、この本では「ドライイースト」と表記しています。

無調整豆乳……牛乳の代わりに使うのが豆乳。成分無調整の豆乳は、水分を取り除いたときに残る大豆固形分が多いため、米粉のネチッとした食感を歯切れよくしてくれます。牛乳に含まれるカゼインというタンパク質を避けて、豆乳でより腸にやさしいパン作りを目指します。

米油……パン生地に使うのは、軽い食感に仕上がる米油。クセがないので、米粉のおいしさを生かすことができます。

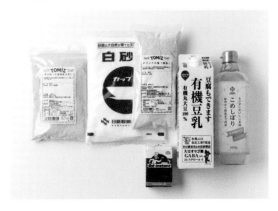

タイムスケジュールと楽しみ方

米粉のパンは発酵時間が短いのが特徴。
焼き時間はパンによりますが、大きなパンなら約1時間半、
小さなパンなら1時間ちょっとで焼き上がるので、
慣れてきたら食事の時間から逆算して作ってみてください。

① パターン1

平日の朝
パウンド型食パンを
焼く

6:00 少し早起きして米粉パン作りをスタート！ ハンドミキサーで生地をちゃちゃっと混ぜます。

6:10 一次発酵15分はフリータイム。朝食やお弁当の支度も同時進行できます。

6:25 型に流し入れて二次発酵20分〜。再びフリータイム。

6:50 パンをオーブンへ。朝からパンを焼く幸せな香りが漂います。

7:25 パンが焼き上がりました。少し粗熱を取ってから焼きたてを朝食に！

＊早起きが苦手なかたは前日の夜に焼いてラップで包んでおいてもOK。

7:40 残りのパンはスライスして、お弁当のサンドイッチに。腹持ちがいいのでお弁当にぴったりです。

🕐 パターン2

休日のランチに
おかずパンを焼く

11:00 パン作りをスタート！ ハンドミキサーで生地を混ぜ始めます。

11:10 一次発酵15分。パンに使う具材の準備もこの間に。

11:30 成形して、二次発酵25分〜。簡単なスープやサラダなどを準備します。

12:00 パンをオーブンへ。

12:20 パンが焼けました。昼食に焼きたてパンが食べられます。この日はパーカーハウスのコロッケパン（p.58参照）。

CHAPTER 1

いろいろな型で焼く
米粉パン

米粉で作るパンは

米の自然な甘みや小麦粉にはない風味があり、

小麦粉パンとはまた違ったおいしさ。

グルテンを含まない米粉でも、ポイントさえ押さえれば

しっとりとした食感に焼くことができます。

ここではパウンド型で焼くプレーンな食パンを基本に、

アレンジを紹介。

厚手鍋の「ストウブ」、マフィン型、クグロフ型、バットなど、

焼く型を替えて、いろいろな米粉パンを楽しみます。

すべてサイリウム（p.7参照）なしで作れます。

パウンド型で作る基本の食パン

米粉ならではの白い色と米の甘さが味わえる、プレーンな食パン。パサつきを抑えてしっとりとした食感に焼くポイントは、生地を乾燥させたらこまめに霧吹きをし、二次発酵させすぎないことです。

材料(18×7×高さ6.5cmの
　　パウンド型1台分)
米粉ペースト　米粉 5g＋水 20g
米粉　145g
きな粉　5g
上白糖　10g
塩　2g
ドライイースト　2g
無調整豆乳　40g
水　90g
米油　6g

準備
・パウンド型にオーブンシートを敷く。
・豆乳と水は耐熱計量カップなどに入れ、電子レンジで温め、30〜35℃にする。

1 **米粉ペーストを作る。**耐熱容器に米粉と水を入れて混ぜる。ラップをせずに電子レンジで30秒温め、再度混ぜてなめらかにし、粗熱を取る。

2 深めのボウルに米粉、きな粉、上白糖、塩、ドライイーストを入れ、温めておいた豆乳＋水を加える。
→ あらかじめ豆乳と水は合わせて電子レンジで温め、30〜35℃にしておく。

3 ハンドミキサーの高速で2分混ぜる。生地をたらすと線が1～2秒残ってすぐ消えるくらいのかたさにする。季節や米粉の保管状態などによって吸水率が異なるので、このかたさになっていなければ、水か米粉(分量外)を足して調整する。

4 米油、米粉ペーストを加え、ハンドミキサーの高速で1分混ぜる。
→ 少しもったりした感じになるまで混ぜる。

5 一次発酵。ボウルにラップをかぶせてオーブンの発酵機能35℃で約15分。
→ 表面に小さな気泡が出るまで発酵させる。

6 二次発酵。ゴムべらで生地を混ぜ、型に流し入れ、オーブンの発酵機能35℃で20分以上発酵させる。オーブンから取り出し、オーブンを160℃に予熱。
→ 乾燥を防ぐためラップをかぶせる。オーブンの予熱にかかる時間は室温で発酵させるため、その間も発酵が進むことを考慮する。

7 元の体積の2倍以上まで発酵させ、ドーム形にふくらんだ生地の表面に気泡が数個見られる状態になったらOK。表面にはけでやさしく米油（分量外）をぬり、たっぷり霧吹きをする。
→ はけで米油をぬり、霧吹きをしておくと、生地が乾燥しにくくなり、表面がひび割れしにくくなるとともに、生地の色づきやふくらみがよくなる。ふくらみすぎるとパサつくので注意。

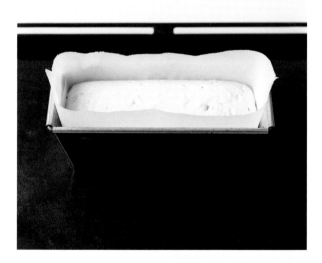

8 型の上に同じサイズのパウンド型を逆さにしてかぶせ（またはアルミホイルでしっかり覆う）、スチームモード160℃で25分焼く。かぶせた型を取り、スチームモード200℃で10分焼く。オーブンにスチームモードがない場合は、庫内にもたっぷり霧吹きをする。
→ すぐに型から出し、オーブンシートをつけたまま網にのせて冷ます。冷めたらビニール袋やラップで包んで保存。

コーンとチーズの食パン

a

p.12 のプレーンな生地にコーンとチーズを加えた、米粉食パン。冷めてもおいしいのはもちろんですが、焼きたてあつあつをいただくのも、手作りならではの楽しみ。コーンに水気がある分、水の量をほんの少し減らします。

材料(18×7×高さ6.5cmの
　　パウンド型1台分)
米粉ペースト　米粉5ｇ＋水20ｇ
米粉　145ｇ
きな粉　5ｇ
上白糖　10ｇ
塩　2ｇ
ドライイースト　2ｇ
無調整豆乳　40ｇ
水　85ｇ
米油　6ｇ
コーン(缶詰)　50ｇ
シュレッドチーズ　50ｇ

準備
・コーンはざるに入れて水気をきる。
・パウンド型にオーブンシートを敷く。
・豆乳と水は合わせて電子レンジで温め、30〜35℃にする。

1　米粉ペーストを作る。耐熱容器に米粉と水を入れて混ぜる。ラップをせずに電子レンジで30秒温め、再度混ぜてなめらかにし、粗熱を取る。

2　深めのボウルに米粉、きな粉、上白糖、塩、ドライイーストを入れ、温めておいた豆乳＋水を加える。

3　ハンドミキサーの高速で2分混ぜ、生地をたらすと線が1〜2秒残ってすぐ消えるくらいのかたさにする。なっていなければ水か米粉(分量外)を足して調整する。

4　米油、米粉ペーストを加え、さらに1分混ぜる。

5　一次発酵。ボウルにラップをかぶせてオーブンの発酵機能35℃で約15分、表面に小さな気泡が出るまで発酵させる。コーン、チーズ30ｇを加えてゴムべらで均一に混ぜる(a)。

6　二次発酵。型に流し入れ、ラップをかぶせ、オーブンの発酵機能35℃で20分以上発酵させる。オーブンから取り出し、オーブンを160℃に予熱。生地は最終的には元の体積の2倍以上まで発酵させる。

7　残りのチーズをのせ(b)、たっぷり霧吹きをする。同じサイズのパウンド型を逆さにして(またはアルミホイルを)かぶせ、スチームモード160℃で25分焼く。かぶせた型を取り、スチームモード200℃で10分焼く。型から出し、網にのせて冷ます(c)。

b

c

好きな厚さに切り分け、オーブントースターで焼き色がつくまで焼いてもおいしい。

かぼちゃとマンゴーの食パン

同じ色の食材を合わせて、黄色が鮮やかな食パンに仕上げます。ドライマンゴーのフルーティーな香りと食感がアクセント。かぼちゃに含まれるでんぷんで、グルテンがない米粉でも比較的しっとり焼き上がります。耳の部分も香ばしくておいしい！

材料(18×7×高さ6.5cmの
　　　パウンド型１台分)
米粉ペースト　米粉５g＋水20g
米粉　145g
きな粉　5g
上白糖　10g
塩　2g
ドライイースト　2g
無調整豆乳　80g
水　60g
米油　6g
かぼちゃ(正味)　50g
ドライマンゴー　30g

準備
・ドライマンゴーは湯に１〜２分つけてもどし、水気をきって１cm幅に切る。
・パウンド型にオーブンシートを敷く。
・豆乳と水は合わせて電子レンジで温め、30〜35℃にする。

1 かぼちゃは約２cm角に切って耐熱ボウルに入れ、ラップをして電子レンジで２分加熱し、温かいうちにフォークでつぶす(a)。

2 米粉ペーストを作る。耐熱容器に米粉と水を入れて混ぜる。ラップをせずに電子レンジで30秒温め、再度混ぜてなめらかにし、粗熱を取る。

3 深めのボウルに米粉、きな粉、上白糖、塩、ドライイーストを入れ、温めておいた豆乳＋水を加え、ハンドミキサーの高速で２〜３分混ぜる。

4 1のかぼちゃを入れ(b)、米油、米粉ペーストを加え、さらに１分混ぜる(c)。

5 一次発酵。ボウルにラップをかぶせてオーブンの発酵機能35℃で約15分、表面に小さな気泡が出るまで発酵させる。ドライマンゴーを加えてゴムべらで均一に混ぜる(d)。

6 二次発酵。型に流し入れ、ラップをかぶせ、オーブンの発酵機能35℃で20分以上発酵させる。オーブンから取り出し、オーブンを160℃に予熱。生地は最終的には元の体積の２倍以上まで発酵させる。

7 表面にはけでやさしく米油(分量外)をぬり、たっぷり霧吹きをし、同じサイズのパウンド型を逆さにして(またはアルミホイルを)かぶせ、スチームモード160℃で25分焼く。かぶせた型を取り、スチームモード200℃で10分焼く。型から出し、網にのせて冷ます。

a

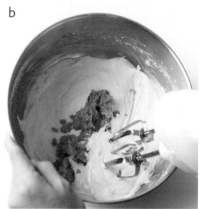
b

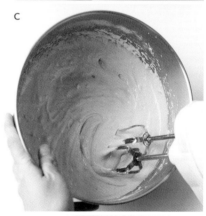
c

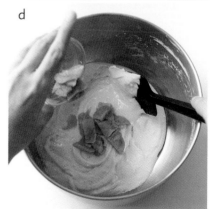
d

キャラメルりんごの食パン

キャラメリゼしたりんごを生地の中に入れて、上にものせて、ケーキのような食パンに仕上げました。りんごとバター、シナモンパウダーの香りがとけ合って美味！ りんごは、できれば紅玉のような酸味のある品種がおすすめです。

材料(18×7×高さ6.5cmの
　パウンド型1台分)
米粉ペースト　米粉5g＋水20g
米粉　145g
きな粉　5g
上白糖　10g
塩　2g
ドライイースト　2g
無調整豆乳　40g
水　85g
米油　6g
キャラメルりんご
　りんご(紅玉など)　1個(約230g)
　上白糖　30g
　バター　10g
　シナモンパウダー　少々
くるみ　15g

準備
・くるみは170℃のオーブンで
7分ほどローストして冷まし、
刻む。
・パウンド型にオーブンシート
を敷く。
・豆乳と水は合わせて電子レン
ジで温め、30〜35℃にする。

1　**キャラメルりんごを作る。**りんごは8等分のくし形に切って芯を除き、半量は皮に縦4本切り目を入れ、残りは皮をむいて1.5cm角に切る。フライパンに上白糖を入れて中火で熱し、泡が出て茶色く色づいてきたらいったん火を止めてりんごとバターを入れ、木べらでキャラメルをからめながらりんごの水分が飛ぶまで3分ほど煮る(a)。シナモンパウダーをふり、バットにあけて冷ます。

2　**米粉ペーストを作る。**耐熱容器に米粉と水を入れて混ぜる。ラップをせずに電子レンジで30秒温め、再度混ぜてなめらかにし、粗熱を取る。

3　深めのボウルに米粉、きな粉、上白糖、塩、ドライイーストを入れ、温めておいた豆乳＋水を加える。ハンドミキサーの高速で2分混ぜ、生地をたらすと線が1〜2秒残ってすぐ消えるくらいのかたさにする。なっていなければ水か米粉(分量外)を足して調整する。

4　米油、米粉ペーストを加えてさらに1分混ぜる。

5　**一次発酵。**ボウルにラップをかぶせてオーブンの発酵機能35℃で約15分、表面に小さな気泡が出るまで発酵させる。くるみ、角切りのキャラメルりんごを加え(b)、ゴムべらで均一に混ぜる(c)。

6　**二次発酵。**型に流し入れ、ラップをかぶせる。オーブンの発酵機能35℃で20分以上発酵させる。オーブンから取り出し、オーブンを160℃に予熱。生地は最終的には元の体積の2倍以上まで発酵させる。

7　生地の上にくし形切りのキャラメルりんごを押し込む(d)。たっぷり霧吹きをし、同じサイズのパウンド型を逆さにして(またはアルミホイルを)かぶせ、スチームモード160℃で25分焼く。かぶせた型を取り、スチームモード200℃で13分焼く。型から出し、網にのせて冷ます。

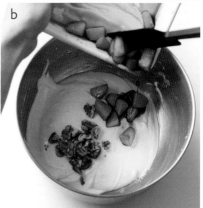

甘酒入りブリオッシュ

卵とバターを入れたリッチな生地で作る、米粉のブリオッシュ。パウンド型で焼き上げて厚めに切り分け、その生地感を楽しみます。混ぜ始めはかための生地ですが、米粉ペーストとバターを加えるとゆるくなります。過発酵になりやすいので、少し早めに二次発酵を切り上げてください。

材料(18×7×高さ6.5cmの
　パウンド型1台分)
米粉ペースト　米粉5g＋水20g
米粉　145g
きな粉　5g
上白糖　15g
塩　2g
ドライイースト　2g
卵1個＋甘酒　合わせて100g
水　25g
バター(食塩不使用)　15g
あられ糖　20g

準備
・パウンド型にオーブンシートを敷く。
・卵、甘酒、水は合わせて電子レンジで温め、30～35℃にする。
・バターは電子レンジで30秒加熱してとかし、粗熱を取る。

1　米粉ペーストを作る。耐熱容器に米粉と水を入れて混ぜる。ラップをせずに電子レンジで30秒温め、再度混ぜてなめらかにし、粗熱を取る。

2　深めのボウルに米粉、きな粉、上白糖、塩、ドライイーストを入れ、温めておいた卵＋甘酒＋水を加える(a)。

3　ハンドミキサーの高速で2分混ぜる。基本の食パン生地(p.14参照)よりかたくていい。

4　米粉ペースト、とかしバターを加え(b)、さらに1分混ぜる。

5　一次発酵。ボウルにラップをかぶせてオーブンの発酵機能35℃で約15分、表面に小さな気泡が出るまで発酵させる。

6　二次発酵。ゴムべらで生地を混ぜ、型に流し入れる。ラップをかぶせ、オーブンの発酵機能35℃で15分以上発酵させる。オーブンから取り出し、オーブンを160℃に予熱。生地は最終的には元の体積の2倍弱までふくらむ程度に発酵させる。

7　生地の上にあられ糖を散らし(c)、たっぷり霧吹きをする。同じサイズのパウンド型を逆さにして(またはアルミホイルを)かぶせ、スチームモード160℃で25分焼く。かぶせた型を取り、スチームモード200℃で10分焼く。型から出し、網にのせて冷ます(d)。

「ストウブ」で焼く大きなパン

鋳物ほうろう鍋のストウブは厚みがあり、ふたをすることで生地の水分を逃がさないので、米粉パンを焼くのにぴったり。翌日もしっとりした米粉パンが焼けます。Chapter 1のすべてのレシピを1.5倍して同様に焼くことができます。

材料(直径18cmのストウブ1台分)
米粉ペースト　米粉5g＋水20g
米粉　215g
きな粉　10g
上白糖　15g
塩　3g
ドライイースト　3g
無調整豆乳　60g
水　135g
米油　10g

準備
・鍋に米油(分量外)を薄くぬってオーブンシートを敷く。
・豆乳と水は合わせて電子レンジで温め、30〜35℃にする。

1　米粉ペーストを作る。耐熱容器に米粉と水を入れて混ぜる。ラップをせずに電子レンジで30秒温め、再度混ぜてなめらかにし、粗熱を取る。

2　深めのボウルに米粉、きな粉、上白糖、塩、ドライイーストを入れ、温めておいた豆乳＋水を加える。

3　ハンドミキサーの高速で2分混ぜ、生地をたらすと線が1〜2秒残ってすぐ消えるくらいのかたさにする。なっていなければ水か米粉(分量外)を足して調整する。

4　米油、米粉ペーストを加え、さらに1分混ぜる。

5　一次発酵。ボウルにラップをかぶせてオーブンの発酵機能35℃で約15分、表面に小さな気泡が出るまで発酵させる。

6　二次発酵。ゴムべらで生地を混ぜ、鍋に流し入れ(a)、乾燥を防ぐためラップをかぶせ、オーブンの発酵機能35℃で20分以上発酵させる。オーブンから取り出し、オーブンを160℃に予熱。生地は最終的には元の体積の2倍強まで発酵させる。

7　表面にははけでやさしく米油をぬり、たっぷり霧吹きをする。ふたをして(b)、通常モード160℃で25分焼き、ふたを取ってスチームモード200℃で10分焼く。そのまま綱にのせて粗熱を取り(c)、ストウブから出して冷ます。

好きな大きさに切り分け、半分の厚さに切り、バター＋あんこをはさんでシベリア風にしても。

マフィン型で焼くジャムパン

マフィン型で焼いた米粉パンは形もかわいく、しっとり焼き上がります。生地が液体状なので、包まなくてものせるだけで簡単にフィリングを入れられるのが、うれしいところ。あんこやカスタードクリーム、ウィンナーソーセージ＆マスタードを入れるのもおすすめ。

材料(直径約7cmの
　マフィン型6個分)
米粉ペースト　米粉5g＋水20g
米粉　145g
きな粉　5g
上白糖　10g
塩　2g
ドライイースト　2g
無調整豆乳　40g
水　90g
米油　6g
ジャム(ラズベリー)　小さじ6

準備
・オーブンシートを10×10cmに切って四隅に切り込みを入れたものを6枚用意し、マフィン型に敷き込む。
・豆乳と水は合わせて電子レンジで温め、30〜35℃にする。

1　米粉ペーストを作る。耐熱容器に米粉と水を入れて混ぜる。ラップをせずに電子レンジで30秒温め、再度混ぜてなめらかにし、粗熱を取る。

2　深めのボウルに米粉、きな粉、上白糖、塩、ドライイーストを入れ、温めておいた豆乳＋水を加える。

3　ハンドミキサーの高速で2分混ぜ、生地をたらすと線が1〜2秒残ってすぐ消えるくらいのかたさにする。なっていなければ水か米粉(分量外)を足して調整する。

4　米油、米粉ペーストを加え、さらに1分混ぜる。

5　一次発酵。ボウルにラップをかぶせてオーブンの発酵機能35℃で約15分、表面に小さな気泡が出るまで発酵させる。

6　二次発酵。スプーンで生地を混ぜ、型に流し入れる(a)。霧吹きをし、オーブンの発酵機能35℃で20分発酵させる。オーブンから取り出し、オーブンを160℃に予熱。生地は最終的には元の体積の2倍以上まで発酵させる。

7　生地の上にジャムを小さじ1ずつのせ、箸を生地の底まで刺してジャムを中に沈める(b)。

8　たっぷり霧吹きをし、アルミホイルでふたをして、スチームモード160℃で12分焼き、アルミホイルを取ってスチームモード200℃で5分焼く。網にのせて粗熱を取り(c)、型から出して冷ます。

バットで焼くフォカッチャ

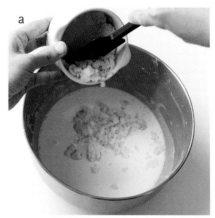
a

基本の食パン生地をバットで平たく焼くと、フォカッチャが作れます。じゃがいもを入れると、米粉ペーストを入れなくてもじゃがいものでんぷんがグルテンのない米粉の生地のパサつきを防いでくれます。オリーブオイルを使って香りよく仕上げます。

材料（20.5×16×3cmの
　ほうろうバット1台分）
米粉　150g
上白糖　8g
塩　2g
ドライイースト　2g
水　145g
オリーブオイル　10g
じゃがいも　小1個（80〜100g）
ローズマリー　1/3枝
仕上げ用オリーブオイル　大さじ1
仕上げ用粗塩　ひとつまみ

準備
・ほうろうバットに、四隅に切り込みを入れたオーブンシートを敷く。
・水は電子レンジで温め、30〜35℃にする。

1　じゃがいもは皮つきのまま洗ってラップで包み、電子レンジで2分30秒加熱し、皮をむいてフォークでつぶす。

2　深めのボウルに米粉、上白糖、塩、ドライイーストを入れ、温めておいた水を加え、ハンドミキサーの高速で2分混ぜる。基本の食パン生地（p.14参照）よりゆるくていい。じゃがいもを入れるとかたくなる。

3　1のじゃがいもを加えて混ぜ（a）、オリーブオイルを加えてさらに1分ほど混ぜる（b）。

4　**一次発酵。** ボウルにラップをかぶせてオーブンの発酵機能35℃で約15分、表面に小さな気泡が出るまで発酵させる。

5　**二次発酵。** ゴムべらで生地を混ぜ、ほうろうバットに流し入れてならす。霧吹きをし、オーブンの発酵機能35℃で20分以上発酵させる。オーブンから取り出し、オーブンを160℃に予熱。生地は最終的には元の体積の2倍以上まで発酵させる。

6　仕上げ用オリーブオイルを全体にぬり、指で数か所底まで穴をあけ、ローズマリーを刺し（c）、粗塩をふる。たっぷり霧吹きをし、アルミホイルで覆い、スチームモード160℃で20分焼く。アルミホイルを取り、スチームモード210℃で20分、全体に焼き色がつくまで焼く。網にのせて粗熱を取り、バットから出して冷ます。

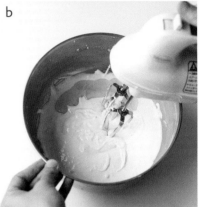
b

c

クグロフ型で焼くラムレーズンパン

シリコン型で米粉生地を焼くと、きれいに形が出るのが魅力。ここでは、ドライフルーツのラム酒漬けを入れて、フランス・アルザス地方のクグロフを意識したお菓子のようなパンに仕上げます。ラム酒漬けの代わりにチョコチップを入れてもいいですね。

材料（直径7.5×高さ4cmの
　　　シリコン製クグロフ型6個分）
米粉ペースト　米粉5g＋水20g
米粉　145g
きな粉　5g
上白糖　15g
塩　2g
ドライイースト　2g
卵1個＋無調整豆乳　合わせて100g
水　25g
バター（食塩不使用）　20g
レーズンのラム酒漬け＊　40g
アイシング
　┃粉糖　20g
　┃レモン汁　小さじ1½

★レーズンのラム酒漬け……レーズンに熱湯をひたひたに注いで10分ほどおき、水気をしっかりときる。瓶などに入れ、レーズンが浸るくらいラム酒を加える。翌日から使える。

準備
・クグロフ型に、室温でやわらかくしたバター（分量外）を薄くぬる。
・生地に入れるバターは電子レンジで30秒加熱してとかし、粗熱を取る。
・卵、豆乳、水は合わせて電子レンジで温め、30〜35℃にする。

1 米粉ペーストを作る。耐熱容器に米粉と水を入れて混ぜる。ラップをせずに電子レンジで30秒温め、再度混ぜてなめらかにし、粗熱を取る。

2 深めのボウルに米粉、きな粉、上白糖、塩、ドライイーストを入れ、温めておいた卵＋豆乳＋水を加え、ハンドミキサーの高速で2分混ぜる（a）。基本の食パン生地（p.14参照）よりかたくていい。

3 とかしバター、米粉ペーストを加え（b）、さらに1分混ぜる。

4 一次発酵。ボウルにラップをかぶせてオーブンの発酵機能35℃で約15分、表面に小さな気泡が出るまで発酵させる。レーズンのラム酒漬けを加えてゴムべらで均一に混ぜる。

5 二次発酵。型に流し入れ、霧吹きをし、オーブンの発酵機能35℃で20分以上発酵させる。オーブンから取り出し、オーブンを160℃に予熱。生地は最終的に元の体積の2倍弱まで、型の少し下の高さまで発酵させる（c）。

6 たっぷり霧吹きをしてアルミホイルで覆い、スチームモード160℃で12分焼き、アルミホイルを取ってスチームモード200℃で6分焼く。そのまま網にのせて粗熱を取り、型からやさしくはずして網にのせて冷ます。

7 アイシングの材料をボウルに入れて混ぜ合わせ、クグロフにスプーンでかけ（d）、しばらくおいて固める。

おいしく食べきるために

米粉パンを焼いたら、まずは焼きたてをそのまま味わいたいもの。そして、翌日以降は
焼いたり蒸したりして楽しむのがおすすめ。加熱すると、もっちり感と米の自然な甘みがさらに際立って、
小麦粉のパンとはまた違うおいしさ。バターやチーズとの相性も二重丸。

蒸しパンに

せいろで蒸した米粉パンは、
水分を含んでふんわり、しっとり。
焼いた当日のやわらかさがよみがえります。
ひと口頬張ると米の自然な甘さがして、
やさしい味わい。

材料(作りやすい分量)
基本の食パン(2cm厚さに切ったもの)
　　4切れ
バター(食塩不使用)　適量
岩塩など好みの塩　適量

1　食パンを蒸気の立ったせいろに入れ、弱火で5
分ほど蒸す。
2　好みで、バターをのせて岩塩をふる。

・保存は
翌日までに食べない分は、切り分けて1枚ずつラッ
プで包み、冷凍用保存袋に入れて冷凍庫へ。解凍や
温めは、電子レンジか蒸し器、またはレンジ解凍し
てからオーブントースターで焼いても。

・半端に残ったパンは
おろし器でおろしたり、手でぽろぽろの状態にほぐ
し、グルテンフリーの米粉パン粉に。p.62の焼きカ
レーパンに使うほか、揚げものの衣に使うとカリッ
と香ばしく仕上がります。

ピザトーストに

具をのせてカリッと焼くと
米粉パンのおいしさが復活し、
生地のパサつきも気になりません。

材料(作りやすい分量)
基本の食パン(1cm厚さに切ったもの)　4切れ
ツナ缶　20g
玉ねぎ　20g
ピーマン　½個
トマトケチャップ　大さじ1
シュレッドチーズ　20g
粗びき黒こしょう　少々
オリーブオイル　適量

1　ツナはほぐし、玉ねぎとピーマンは薄切りにする。食パンにトマトケチャップをぬり、玉ねぎ、ピーマン、ツナ、チーズの順にのせる。
2　オーブントースターで5分ほど焼く。途中焦げそうならアルミホイルをかぶせる。
3　器に盛り、粗びき黒こしょうをふり、オリーブオイルをかける。

フレンチトーストに

パサついてしまった米粉パンに卵液をたっぷり吸わせ、
とろとろのフレンチトーストに。
長く浸しておくとくずれやすくなるので、焼き色がついて
固まってからフライ返しでひっくり返すのがポイント。

材料(作りやすい分量)
基本の食パン(1cm厚さに切ったもの)　4切れ
卵　1個
牛乳(または豆乳)　70g
すだき糖(または上白糖)　大さじ1
バター(食塩不使用)　8g
メープルシロップ(またははちみつ)　適量

1　バットに卵、牛乳、すだき糖を入れてよく混ぜ、食パンを浸して30分〜一晩冷蔵庫におく。途中ひっくり返して両面にしみ込ませる。
2　フライパンにバターを熱して1を入れ、ふたをして弱火で約5分焼く。焼き色がついてカリッとしたらフライ返しで返し、ふたをせずに焼き色がつくまで焼く。
3　器に盛り、メープルシロップをかける。

CHAPTER 2

手で成形して作る
米粉パン

米粉のパンも、

小麦粉のパンと同じように成形して作ることが可能。

そのために便利なのがサイリウム（p.7参照）です。

サイリウムとは、オオバコ属の植物の種子を粉末状にしたもの。

主な成分は食物繊維で、水をたくさん吸って固まるので、

グルテンのない米粉の生地を

手で成形できるくらいにまとめてくれます。

無味無臭なので生地の味を邪魔しません。

ここでは、カンパーニュ、ベーグル、ロールパンなどのほか、

肉まんなどの蒸しパンも紹介。米粉パンの世界が広がります。

基本のカンパーニュ

高温でカリッと焼いた皮がお煎餅のように香ばしい、米粉のカンパーニュ。サイリウム入りの生地はもちっとしていながらも、しっとり。焼くときにたっぷり蒸気を入れて、オーブンシートをかぶせることで、表面が焼き固まらず、クープが開きやすくなります。

材料（直径19cmの
　　丸形バヌトン1個分）
米粉ペースト　米粉5g＋水20g
米粉　145g
きな粉　5g
上白糖　8g
塩　2g
ドライイースト　2g
水　125g
米油　6g
サイリウム　5g

準備
・水は耐熱計量カップなどに入れ、電子レンジで温め、30〜35℃にする。

1 **米粉ペーストを作る。** 耐熱容器に米粉と水を入れて混ぜる。ラップをせずに電子レンジで30秒温め、再度混ぜてなめらかにし、粗熱を取る。

2 深めのボウルに米粉、きな粉、上白糖、塩、ドライイーストを入れ、温めておいた水を加える。ハンドミキサーの高速で2分混ぜる。
→ 生地をたらすと線が1〜2秒残ってすぐ消えるくらいのかたさにする。 季節や米粉の保管状態などによって吸水率が異なるので、このかたさになっていなければ水か米粉（分量外）を足して調整する。

3 米油、米粉ペーストを加え、ハンドミキサーの高速で1分混ぜ、サイリウムを加えてゴムべらでよく混ぜる。

→ サイリウムが水分をどんどん吸収して、みるみる生地がかたくなってくる。指でさわって少しベタッと生地が指にくっつくかたさが目安。かたければ水、やわらかければ米粉（分量外）を加えて調整する。

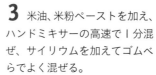

4 一次発酵。ボウルにラップをかぶせてオーブンの発酵機能35℃で15分。表面に小さな気泡が出るまで発酵させる。

5 台に生地を取り出し、表面がなるべくきれいになるように丸める。

→ 表面がザラザラしている場合は少量の米油（分量外）でなでてなめらかにすると、表面がきれいに焼けて、焼き色もよくなる。

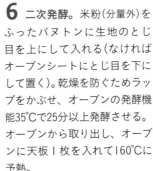

6 二次発酵。米粉(分量外)を
ふったバヌトンに生地のとじ
目を上にして入れる(なければ
オーブンシートにとじ目を下に
して置く)。乾燥を防ぐためラッ
プをかぶせ、オーブンの発酵機
能35℃で25分以上発酵させる。
オーブンから取り出し、オーブ
ンに天板1枚を入れて160℃に
予熱。
→生地の表面に小さな気泡が数
個見え、少しふっくらするまで
発酵させる。オーブンの予熱に
かかる時間は室温で発酵させる
ため、その間も発酵が進むこと
を考慮する。

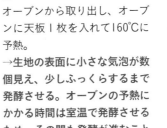

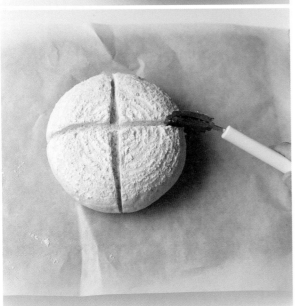

7 まな板などにオーブンシー
トを敷き、その上に生地をひっ
くり返してのせ、クープナイフ
(またはよく切れる包丁)で十文
字にクープを入れる。

8 庫内と生地にたっぷり霧吹
きをし、天板の上に生地をオー
ブンシートごとすべらせる。天
板の下にバットを入れて湯を
100mℓ注ぎ、生地の上をオーブ
ンシートで覆う。スチームモー
ド160℃で15分焼き、オーブン
シートを取ってスチームモード
230℃で20分焼く。網にのせて
粗熱を取る。
→庫内と生地に霧吹きをして、
焼き上がりの表面をパリッとさ
せる。生地が焼き固まるのを防
ぐ効果もある。

くるみといちじくのカンパーニュ

p.36の基本のカンパーニュ生地に具材を入れた、アレンジレシピ。具材を入れるとうまみと甘み、食感がプラスされ、より食べやすく感じます。ここではくるみとドライいちじくを使いましたが、好みのナッツやドライフルーツに置き換えれば、バリエーションは無限大。

材料(直径19cmの
　丸いバヌトン1個分)
米粉ペースト　米粉5g＋水20g
米粉　145g
きな粉　5g
上白糖　8g
塩　2g
ドライイースト　2g
水　125g
米油　6g
サイリウム　5g
くるみ　20g
ドライいちじく　25g

準備
・くるみは170℃のオーブンで7分ほどローストして冷まし、大きいものは割る。
・ドライいちじくは1cm角に切り、湯に5分ほどつけてもどし、水気をきる。
・水は電子レンジで温め、30〜35℃にする。

1　米粉ペーストを作る。耐熱容器に米粉と水を入れて混ぜる。ラップをせずに電子レンジで30秒温め、再度混ぜてなめらかにし、粗熱を取る。

2　深めのボウルに米粉、きな粉、上白糖、塩、ドライイーストを入れ、温めておいた水を加える。ハンドミキサーの高速で2分混ぜる。

3　米油、米粉ペーストを加え、さらに1分混ぜ、サイリウムを加えてゴムべらでよく混ぜる。指でさわって少しベタッと生地が指にくっつくかたさが目安。

4　一次発酵。ボウルにラップをかぶせてオーブンの発酵機能35℃で15分。その後、くるみとドライいちじくを加え、手で均一に混ぜる(a)。

5　台に生地を取り出し、表面に米油(分量外)をつけてきれいに丸める。外側にくるみやいちじくが出ていると焦げやすいので、なるべく内側に入れる。

6　二次発酵。米粉(分量外)をふったバヌトンに生地のとじ目を上にして入れる。ラップをかぶせ、オーブンの発酵機能35℃で25分以上発酵させる。オーブンから取り出し、オーブンに天板1枚を入れて160℃に予熱。

7　まな板などにオーブンシートを敷き、その上に生地をひっくり返してのせ、クープナイフで米の字にクープを入れる(b)。

8　庫内と生地にたっぷり霧吹きをし、天板の上に生地をオーブンシートごとすべらせる。天板の下にバットを入れて湯を100ml注ぎ、生地をオーブンシートで覆う。スチームモード160℃で15分焼き、オーブンシートを取ってスチームモード230℃で20分焼く。網にのせて粗熱を取る(c)。

カリッと焼いてバターとはちみつをのせても美味!

基本のベーグル

ベーグルはもちもち食感が特徴なので、米粉はもってこい。ゆでてから焼いた生地は食べごたえ充分です。ゆでるときの湯にはちみつを入れると、色よくツヤツヤに仕上がります。まずはプレーンのものを作って、生地のおいしさを味わいましょう。

材料（4個分）
米粉ペースト　米粉5g＋水20g
米粉　145g
きな粉　5g
上白糖　8g
塩　2g
ドライイースト　2g
水　120g
米油　6g
サイリウム　5g

準備
・水は耐熱計量カップなどに入れ、電子レンジで温め、30～35℃にする。

1 **米粉ペーストを作る。**耐熱容器に米粉と水を入れて混ぜる。ラップをせずに電子レンジで30秒温め、再度混ぜてなめらかにし、粗熱を取る。

2 深めのボウルに米粉、きな粉、上白糖、塩、ドライイーストを入れ、温めておいた水を加え、ハンドミキサーの高速で2分混ぜる。
→ 生地をたらすと線が残るくらいのかたさが目安。

3 米油、米粉ペーストを加え、ハンドミキサーの高速で１分混ぜ、サイリウムを加えてゴムべらでよく混ぜる。
→サイリウムが水分をどんどん吸収して、みるみる生地がかたくなってくる。指でさわってあまり生地がつかない程度のかたさにする。かたければ水、やわらかければ米粉(分量外)を加えて調整する。

4 一次発酵。ボウルにラップをかぶせてオーブンの発酵機能35℃で15分。表面に小さな気泡が出るまで発酵させる。

5 台に生地を取り出して４等分する。二つに折りたたんでから両手で転がして約18cmの棒状にのばし、片方の端っこをつぶして薄く広げ、もう片方を包んで生地をつまんでとじ、リング状にする。
→しっかりかませるように包むと均一の太さのベーグルになる。

6 二次発酵。表面に指で少量の水をつけてなめらかにし、オーブンシートを敷いた天板にのせる。乾燥を防ぐため霧吹きをし、オーブンの発酵機能35℃で25分以上、生地の表面に小さな気泡が数個見え、少しふっくらするまで発酵させる。オーブンから取り出し、オーブンを190℃に予熱。

→ 発酵後はこんな感じ。オーブンの予熱にかかる時間は室温で発酵させるため、その間も発酵が進むことを考慮する。

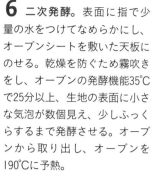

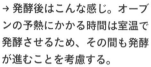

7 鍋に湯を沸かしてはちみつ大さじ½くらい（分量外）を加え、**6**の生地を入れて片面30秒ずつゆでる。

→ 湯にははちみつを入れるとツヤが出る。なければ上白糖やグラニュー糖を入れてもいい。

8 網じゃくしですくって水気をきって天板に戻し、すぐにオーブンに入れる。スチームモード190℃で15分焼き、通常モード190℃で5分焼く。オーブンにスチームモードがない場合は、庫内にたっぷり霧吹きをする。

→ 網にのせて冷ます。

シナモンレーズンベーグル

p.42の基本のベーグル生地にレーズンを入れた、定番の味。レーズンは包むのではなく、生地に混ぜるだけなので、とっても簡単。シナモンパウダーの香りが鼻をくすぐります。半分に切ってクリームチーズをはさむのがおすすめの食べ方。

材料(4個分)
米粉ペースト　米粉5g＋水20g
米粉　145g
きな粉　5g
上白糖　8g
塩　2g
ドライイースト　2g
水　120g
米油　6g
サイリウム　5g
レーズン　40g
シナモンパウダー　小さじ¼

準備
・水は電子レンジで温め、30〜35℃にする。
・レーズンは湯に5分ほどつけてもどし(a)、水気を絞る。

a

1　**米粉ペーストを作る。**耐熱容器に米粉と水を入れて混ぜる。ラップをせずに電子レンジで30秒温め、再度混ぜてなめらかにし、粗熱を取る。

2　深めのボウルに米粉、きな粉、上白糖、塩、ドライイーストを入れ、温めておいた水を加え、ハンドミキサーの高速で2分混ぜる。

3　米油、米粉ペーストを加え、さらに1分混ぜ、サイリウムを加えてゴムべらでよく混ぜる。

4　**一次発酵。**ボウルにラップをかぶせてオーブンの発酵機能35℃で15分。その後、レーズンとシナモンパウダーを入れ、手で均一に混ぜ込む(b)。

b

5　台に生地を取り出して4等分する。二つに折りたたんでから両手で転がして約18cmの棒状にのばし、片方の端っこをつぶして薄く広げ、もう片方を包んで生地をつまみ、リング状にする。外側にレーズンが出ていると焦げやすいので、なるべく内側に入れる(c)。

c

6　**二次発酵。**表面に指で少量の水をつけてなめらかにし、オーブンシートを敷いた天板にのせる。霧吹きをし、オーブンの発酵機能35℃で25分以上、生地の表面に気泡が数個見え、少しふっくらするまで発酵させる(d)。オーブンから取り出し、オーブンを190℃に予熱。

7　鍋に湯を沸かしてはちみつ大さじ½(分量外)を加え、**6**を入れて片面30秒ずつゆでる。網じゃくしですくって天板に戻し、すぐにオーブンに入れる。スチームモード190℃で15分焼き、通常モード190℃で5分焼く。網にのせて冷ます。

d

チョコバナナベーグル

ココアパウダーを入れたちょっぴりほろ苦い生地にチョコレートとバナナを巻き込んだ、お菓子のようなベーグルです。ビターチョコレートのコクとバナナのとろけるような甘さが絶妙。プレーン生地とはまた違ったおいしさです。

材料(4個分)
米粉ペースト　米粉5g＋水20g
米粉　130g
きな粉　5g
ココアパウダー　15g
上白糖　10g
塩　2g
ドライイースト　2g
水　125g
米油　6g
サイリウム　5g
バナナ　正味80g
製菓用ビターチョコレート　35g

準備
・バナナは1cm厚さの輪切りにしてから4等分に切る。チョコレートは7～8mm角に切る(a)。
・水は電子レンジで温め、30～35℃にする。

a

b

1　米粉ペーストを作る。耐熱容器に米粉と水を入れて混ぜる。ラップをせずに電子レンジで30秒温め、再度混ぜてなめらかにし、粗熱を取る。

2　深めのボウルに米粉、きな粉、ココアパウダー、上白糖、塩、ドライイーストを入れ(b)、温めておいた水を加え、ハンドミキサーの高速で2分混ぜる。

3　米油、米粉ペーストを加え、さらに1分混ぜ、サイリウムを加えてゴムべらでよく混ぜる。

4　一次発酵。ボウルにラップをかぶせてオーブンの発酵機能35℃で15分。

5　台に生地を取り出して4等分し、バナナとチョコレートも4等分する。軽く打ち粉(分量外)をし、生地をめん棒で12×8cmの楕円形にのばし、半分から上にバナナとチョコレートの⅔量をのせ、とじ込めるようにひと巻きし、とじ目をしっかりとじる(c)。その上にバナナとチョコレートの残りをのせ(d)、もうひと巻きし、しっかりとじる。

6　両手で転がして約18cmの棒状にのばし、片方の端っこをつぶして薄く広げ、もう片方を包んで生地をつまみ、リング状にする。

7　二次発酵。表面に指で少量の水をつけてなめらかにし、オーブンシートを敷いた天板にのせる。霧吹きをし、オーブンの発酵機能35℃で25分以上発酵させる。オーブンから取り出し、オーブンを190℃に予熱。

8　鍋に湯を沸かしてはちみつ大さじ½(分量外)を加え、**7**を入れて片面30秒ずつゆでる。網じゃくしですくって天板に戻し、すぐにオーブンに入れる。スチームモード190℃で15分焼き、通常モード190℃で5分焼く。網にのせて冷ます。

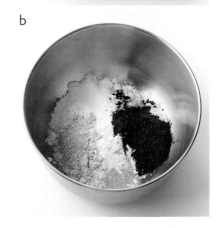
c

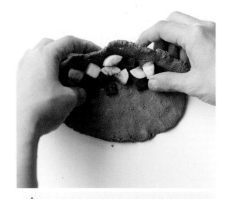
d

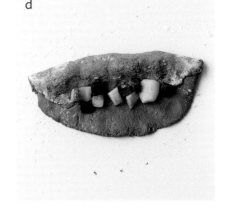

あんドーナツ、ねじねじドーナツ

水分の少ないベーグル生地で作ったドーナツは、もっちりとした食感。揚げたてあつあつに、砂糖をたっぷりまぶしていただくのが最高です。米粉は油を吸いにくいので、カラリと揚がって油っぽくならないのがうれしい。揚げ油には米油を使うと軽い食べ心地になります。

材料(各5個分)
生地(共通)
| 米粉ペースト　米粉5g＋水20g
| 米粉　145g
| きな粉　5g
| 上白糖　10g
| 塩　2g
| ドライイースト　2g
| 水　120g
| 米油　6g
| サイリウム　5g
あんドーナツ用
| あんこ　125g
| 上白糖　適量
ねじねじドーナツ用
| すだき糖　適量
揚げ油　適量

準備
・水は耐熱計量カップなどに入れ、電子レンジで温め、30〜35℃にする。

1 米粉ペーストを作る。耐熱容器に米粉と水を入れて混ぜる。ラップをせずに電子レンジで30秒温め、再度混ぜてなめらかにし、粗熱を取る。

2 深めのボウルに米粉、きな粉、上白糖、塩、ドライイーストを入れ、温めておいた水を加え、ハンドミキサーの高速で2分混ぜる。

3 米油、米粉ペーストを加え、さらに1分混ぜ、サイリウムを加えてゴムべらでよく混ぜる。

4 一次発酵。ボウルにラップをかぶせてオーブンの発酵機能35℃で15分。生地を台に取り出して5等分する。
＊ここまで2種類とも共通。

5 あんドーナツの成形。生地に軽く打ち粉(分量外)をし、めん棒で直径約9cmに平たくのばし、あんこを25gずつ包んでとじる(a)。

6 ねじねじドーナツの成形。生地に軽く打ち粉(分量外)をし、二つ折りして両手で転がして28cm長さにのばし、真ん中は太く両端は細くする(b)。両端を合わせてねじり、最後はつまんでとめる(c)。

7 二次発酵。オーブンシートを敷いた天板にのせ、霧吹きをし、オーブンの発酵機能35℃で25分以上、発酵させる。

8 揚げ油を160℃に熱し、片面約3分ずつ、きつね色になるまで揚げて中まで火を通し(d)、網にのせて油をきる。あんドーナツには上白糖、ねじねじドーナツにはすだき糖をまぶす。

a

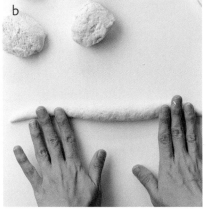

b

c

d

基本のロールパン

米粉のパンもサイリウムを使えば手で成形できるくらいにまとまり、小麦粉のパンと同じ手法でロールパンを作ることができます。生地をゆるく巻くと、ころんとかわいく、きれいな形に仕上がります。この生地を覚えておくと、いろいろな菓子パンやおかずパンにアレンジ可能です。

材料（5個分）
米粉ペースト　米粉5g＋水20g
米粉　145g
きな粉　5g
上白糖　10g
塩　2g
ドライイースト　2g
無調整豆乳　40g
水　90g
米油　8g
サイリウム　5g
仕上げ用とき卵（または米油）　適量

準備
・豆乳と水は耐熱計量カップなどに入れ、電子レンジで温め、30〜35℃にする。

1 **米粉ペーストを作る。** 耐熱容器に米粉と水を入れて混ぜる。ラップをせずに電子レンジで30秒温め、再度混ぜてなめらかにし、粗熱を取る。

2 深めのボウルに米粉、きな粉、上白糖、塩、ドライイーストを入れ、温めておいた豆乳＋水を加える。ハンドミキサーの高速で2分混ぜる。
→生地をたらすと線が1〜2秒残ってすぐ消えるくらいのかたさにする。季節や米粉の保管状態などによって吸水率が異なるので、このかたさになっていなければ水か米粉（分量外）を足して調整する。

3 米油、米粉ペーストを加え、ハンドミキサーの高速で1分混ぜ、サイリウムを加えてゴムべらでよく混ぜる。指でさわって少しベタッと生地が指にくっつくかたさが目安。かたければ水、やわらかければ米粉（分量外）を加えて調整する。

→米油と米粉ペーストを混ぜてから、サイリウムを加える。サイリウムを加えると一気にかたまるので、その前に米油と米粉ペーストをよく混ぜておく。

4 一次発酵。ボウルにラップをかぶせてオーブンの発酵機能35℃で15分発酵させる。

→発酵後はこんな感じ。表面に小さな気泡が出るまで発酵させる。

5 台に生地を取り出し、5等分する。生地に軽く打ち粉（分量外）をし、二つに折りたたんでから両手で転がして棒状にし、片方の端を細くする。生地を縦に置いて、めん棒で縦30×底辺6cmの二等辺三角形にのばす。

→まず手で楕円形にのばし、二つ折りにしてまとめ、それから棒状にのばしていく。

6 底辺からゆるく巻き、巻き終わりをつまんでとじる。生地の表面に少量の米油（分量外）をつけてなめらかにする。

7 二次発酵。オーブンシートを敷いた天板にとじ目を下にしてのせ、霧吹きをする。オーブンの発酵機能35℃で25分以上、生地の表面に小さな気泡が数個見え、少しふっくらするまで発酵させる。オーブンから出し、オーブンを160℃に予熱する。
→ 発酵後はこんな感じ。オーブンの予熱にかかる時間は室温で発酵させるため、その間も発酵が進むことを考慮する。

8 表面にはけでとき卵をぬる。庫内と生地にたっぷり霧吹きをし、スチームモード160℃で15分焼き、スチームモード200℃で8分焼く。網にのせて粗熱を取る。

塩バターロール、ごまみそロール

p.52の基本のロールパンをちょっとアレンジ。一つはバターをたっぷり加えて人気の塩パンに、もう一つは米粉と相性のいいみそペーストを包んで和風に。バター、みそともに成形時にしっかりとじ込めて、流れ出るのを防ぎます。

材料(各5個分)
生地(共通)
┌ 米粉ペースト　米粉5g＋水20g
│ 米粉　145g
│ きな粉　5g
│ 上白糖　10g
│ 塩　2g
│ ドライイースト　2g
│ 米油　8g
│ サイリウム　5g
│ 無調整豆乳　40g
└ 水　90g
塩バターロール用
┌ バター(食塩不使用)　15g
└ 粗塩　適量
ごまみそロール用
┌ 黒いりごま　大さじ1
│ みそ　大さじ1
│ 上白糖　小さじ1
└ みりん　小さじ1
仕上げ用とき卵(または米油)　適量

準備
・豆乳と水は合わせて電子レンジで温め、30〜35℃にする。
・塩バターロール用のバターは3gずつ棒状に切り分ける。
・ごまみそロール用のみそ、上白糖、みりんは混ぜてみそペーストを作る。

1 米粉ペーストを作る。耐熱容器に米粉と水を入れて混ぜる。ラップをせずに電子レンジで30秒温め、再度混ぜてなめらかにし、粗熱を取る。

2 深めのボウルに米粉、きな粉、上白糖、塩、ドライイーストを入れ、温めておいた豆乳＋水を加える。ハンドミキサーの高速で2分混ぜる。

3 米油、米粉ペーストを加え、さらに1分混ぜ、サイリウムを加えてゴムべらでよく混ぜる。

4 一次発酵。ボウルにラップをかぶせてオーブンの発酵機能35℃で15分。その後、ごまみそロールは黒ごまを加えて手で均一に混ぜる(a)。

5 台に生地を取り出し、5等分する。軽く打ち粉(分量外)をし、二つに折りたたんでから両手で転がして棒状にし、片方の端を細くする。生地を縦に置いて、めん棒で縦30×底辺6cmの二等辺三角形にのばす。
＊ここまで2種類とも共通。

6 塩バターロールの成形。底辺にバターをのせ(b)、最初のひと巻きでとじ込み、その後生地をゆるく巻く。ごまみそロールの成形。底辺にみそペーストを1/5量ずつのせ(c)、最初のひと巻きでとじ込み、その後生地をゆるく巻く。

7 二次発酵。オーブンシートを敷いた天板にのせ、霧吹きをする。オーブンの発酵機能35℃で25分以上、少しふっくらするまで発酵させる。オーブンから出し、オーブンを160℃に予熱。

8 表面にはけでとき卵をぬり、塩バターロールには粗塩をふる。庫内と生地にたっぷり霧吹きをし、スチームモード160℃で15分焼き、スチームモード200℃で8分焼く。網にのせて粗熱を取る。

a

b
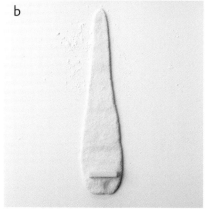

c

パーカーハウスのコロッケパン

パーカーハウスはテーブルロールの原型といわれているパン。二つに折るだけの成形なので、とっても手軽です。生地の縁にオイルをぬっておくと、焼いても生地が完全にくっつかずに手で開きやすくなります。ここではコロッケとキャベツをサンドします。

材料（5個分）
パーカーハウス
　米粉ペースト　米粉5g＋水20g
　米粉　145g
　きな粉　5g
　上白糖　10g
　塩　2g
　ドライイースト　2g
　水　90g
　無調整豆乳　40g
　米油　8g
　サイリウム　5g
コロッケ　4個
キャベツのせん切り　適量
中濃ソース　適量

準備
・豆乳と水は合わせて電子レンジで温め、30〜35℃にする。

1 米粉ペーストを作る。耐熱容器に米粉と水を入れて混ぜる。ラップをせずに電子レンジで30秒温め、再度混ぜてなめらかにし、粗熱を取る。

2 深めのボウルに米粉、きな粉、上白糖、塩、ドライイーストを入れ、温めておいた豆乳＋水を加える。ハンドミキサーの高速で2分混ぜる。

3 米油、米粉ペーストを加え、さらに1分混ぜ、サイリウムを加えてゴムべらでよく混ぜる。

4 一次発酵。ボウルにラップをかぶせてオーブンの発酵機能35℃で15分、表面に小さな気泡が出るまで発酵させる。

5 台に生地を取り出し、5等分する。軽く打ち粉（分量外）をし、めん棒で13×8cmの楕円形にのばし、縁1cmにはけで米油適量（分量外）をぬる(a)。二つに折りたたんで(b)、表面に少量の米油（分量外）を指でつけてなめらかにする。

6 二次発酵。オーブンシートを敷いた天板にのせ(c)、霧吹きをする。オーブンの発酵機能35℃で25分以上、少しふっくらするまで発酵させる。オーブンから取り出し、オーブンを160℃に予熱。

7 庫内と生地にたっぷり霧吹きをし、スチームモード160℃で15分焼き、スチームモード200℃で5分焼く。網にのせて粗熱を取る。

8 生地の割れ目を手で開き(d)、キャベツとコロッケをはさみ、コロッケにソースをかける。

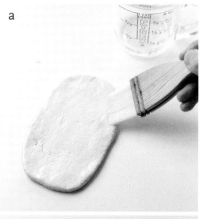

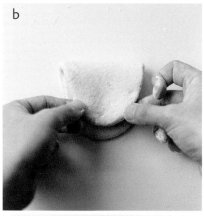

アスパラベーコンパン

基本のロールパン生地を縦長にのばし、具をのせて焼き上げた、おかずパン。具の周囲の生地を折りたたむときは、焼成後に戻ってしまわないように、しっかりと。カリッと焼くことで、米粉ならではの香ばしさが味わえます。

材料（5個分）
米粉ペースト　米粉5g＋水20g
米粉　145g
きな粉　5g
上白糖　10g
塩　2g
ドライイースト　2g
無調整豆乳　40g
水　90g
米油　8g
サイリウム　5g
ベーコン　5枚
アスパラガス　10本
マヨネーズ　適量
粗びき黒こしょう　適量

準備
・豆乳と水は合わせて電子レンジで温め、30～35℃にする。
・アスパラガスはかたい根元の部分を切り落とし、根元に近い部分の皮をピーラーでむき、かためにゆでる。

1 **米粉ペーストを作る。**耐熱容器に米粉と水を入れて混ぜる。ラップをせずに電子レンジで30秒温め、再度混ぜてなめらかにし、粗熱を取る。

2 深めのボウルに米粉、きな粉、上白糖、塩、ドライイーストを入れ、温めておいた豆乳＋水を加える。ハンドミキサーの高速で2分混ぜる。

3 米油、米粉ペーストを加え、さらに1分混ぜ、サイリウムを加えてゴムべらでよく混ぜる。

4 **一次発酵。**ボウルにラップをかぶせてオーブンの発酵機能35℃で15分、表面に小さな気泡が出るまで発酵させる。

5 台に生地を取り出し、5等分する。軽く打ち粉（分量外）をし、めん棒で20×8cmの長方形にのばし（a）、ベーコン1枚をのせてはみ出た分は切って生地の上にのせる。アスパラガス2本をのせ（b）、まわりの生地を少しアスパラガスにかぶせるくらいに折りたたみ（c）、縁に指で米油少々（分量外）をぬる。

6 **二次発酵。**オーブンシートを敷いた天板にのせ、霧吹きをする。オーブンの発酵機能35℃で25分以上、少しふっくらするまで発酵させる。折った部分が開いてきたら再度しっかりと折る。オーブンから取り出し、オーブンを160℃に予熱。

7 アスパラガスの上にマヨネーズを絞り出し（d）、こしょうをふる。庫内と生地にたっぷり霧吹きをし、スチームモード160℃で12分焼き、通常モード200℃で10分以上、生地の縁全体が茶色に焼き色がつくまで焼く。網にのせて粗熱を取る。

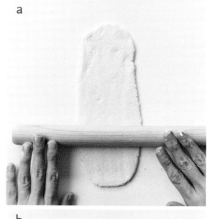
a

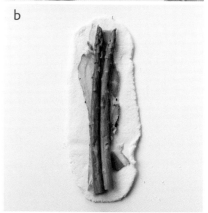
b

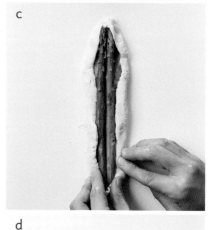
c

d

焼きカレーパン

基本のロールパン生地でカレーフィリングを包んだ、人気の一品。カレーフィリングはひき肉を使った煮込まないタイプのキーマカレー。米粉パン粉をまぶした米粉生地にオイルをかけて焼くことで、揚げたものにも負けないカリカリカレーパンに！

材料（6個分）

米粉ペースト　米粉5g＋水20g
米粉　145g
きな粉　5g
上白糖　10g
塩　2g
ドライイースト　2g
無調整豆乳　40g
水　90g
米油　8g
サイリウム　5g
米粉パン粉(p.32参照)　25g
カレーフィリング
　豚ひき肉　100g
　玉ねぎのみじん切り　50g
　にんじんのみじん切り　50g
　にんにくのみじん切り　1かけ分
　米油　小さじ1
　カレー粉　大さじ¾
　米粉　大さじ1
　塩　小さじ⅓
　トマトケチャップ　大さじ1
　ウスターソース　大さじ1
　水　大さじ4
仕上げ用オリーブオイル　大さじ1

準備
・豆乳と水は合わせて電子レンジで温め、30〜35℃にする。
・米粉パン粉はフライパンで茶色く色づくまで炒る。

1　カレーフィリングを作る。フライパンに米油とにんにくを入れて弱火で炒め、玉ねぎ、にんじんを加えてさらに炒める。豚肉を入れて炒め合わせ、カレー粉、米粉を入れて炒める。塩、トマトケチャップ、ウスターソース、水を入れ、水分がなくなるまで煮詰める。バットに広げて冷ます(a)。

2　米粉ペーストを作る。耐熱容器に米粉と水を入れて混ぜる。ラップをせずに電子レンジで30秒温め、再度混ぜてなめらかにし、粗熱を取る。

3　深めのボウルに米粉、きな粉、上白糖、塩、ドライイーストを入れ、温めておいた豆乳＋水を加える。ハンドミキサーの高速で2分混ぜる。

4　米油、米粉ペーストを加え、さらに1分混ぜ、サイリウムを加えてゴムべらでよく混ぜる。

5　一次発酵。ボウルにラップをかぶせてオーブンの発酵機能35℃で15分、表面に小さな気泡が出るまで発酵させる。

6　台に生地を出して6等分する。軽く打ち粉(分量外)をし、めん棒で縦9×横12cmの楕円形にのばし、1の⅙量をのせて包み込むようにして(b)、しっかりとじる。全体に豆乳(分量外)をぬり(c)、米粉パン粉をつける。

7　二次発酵。オーブンシートを敷いた天板にとじ目を下にしてのせ、霧吹きをする。オーブンの発酵機能35℃で30分以上、少しふっくらするまで発酵させる。オーブンから取り出し、オーブンを160℃に予熱。

8　表面にオリーブオイルをかけ(d)、スチームモード160℃で10分焼き、通常モード200℃で約15分、全体が茶色に焼き色がつくまで焼く。

a

b
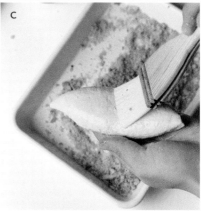

c

d

帽子パン

基本のロールパン生地を二次発酵させたあと、さらにクッキー生地を上がけしてオーブンへ。焼き上がると下にたれたクッキー生地が濃い麦わら色になって、帽子のよう。一つずつ包まなくてもいいので、メロンパンを作るより簡単です。

材料（5個分）
米粉ペースト　米粉5g＋水20g
米粉　145g
きな粉　5g
上白糖　10g
塩　2g
ドライイースト　2g
無調整豆乳　40g
水　90g
米油　8g
サイリウム　5g
クッキー生地
　卵　½個分
　米粉　30g
　上白糖　25g
　バター（食塩不使用）　25g

準備
・豆乳と水は合わせて電子レンジで温め、30～35℃にする。

1　**米粉ペーストを作る。**耐熱容器に米粉と水を入れて混ぜる。ラップをせずに電子レンジで30秒温め、再度混ぜてなめらかにし、粗熱を取る。

2　深めのボウルに米粉、きな粉、上白糖、塩、ドライイーストを入れ、温めておいた豆乳＋水を加える。ハンドミキサーの高速で2分混ぜる。

3　米油、米粉ペーストを加え、さらに1分混ぜ、サイリウムを加えてゴムべらでよく混ぜる。

4　**一次発酵。**ボウルにラップをかぶせてオーブンの発酵機能35℃で15分、表面に小さな気泡が出るまで発酵させる。

5　台に生地を取り出し、5等分する。生地の表面を張らせて丸める。

6　**二次発酵。**オーブンシートを敷いた天板にとじ目を下にしてのせ、霧吹きをする。オーブンの発酵機能35℃で25分以上、少しふっくらするまで発酵させる。オーブンから取り出し、オーブンを180℃に予熱。

7　**クッキー生地を作る。**バターをボウルに入れて室温におくか電子レンジにかけてやわらかくし、上白糖、卵、米粉を加えて泡立て器でよく混ぜる（a）。

8　**6**の生地にクッキー生地をスプーンで等分にのせる（b）。焼くととけて広がるので、スプーンで広げる必要はない。通常モード180℃で18分焼く（c）。網にのせて粗熱を取る。

クランベリーとクリームチーズの丸パン

ドライクランベリーを混ぜたパン生地でクリームチーズを包んで焼き上げた、おやつパンにもなる丸パンです。甘酸っぱいドライクランベリーの香りと色がポイント。クリームチーズは個包装になっているものを使っても。

材料（5個分）
米粉ペースト　米粉5ｇ＋水20ｇ
米粉　145ｇ
きな粉　5ｇ
上白糖　10ｇ
塩　2ｇ
ドライイースト　2ｇ
水　125ｇ
米油　8ｇ
サイリウム　5ｇ
ドライクランベリー　50ｇ
クリームチーズ　80ｇ

準備
・クランベリーは湯に5分ほどつけてもどし、水気をきる。
・クリームチーズは5等分にする。
・水は電子レンジで温め、30〜35℃にする。

1 米粉ペーストを作る。耐熱容器に米粉と水を入れて混ぜる。ラップをせずに電子レンジで30秒温め、再度混ぜてなめらかにし、粗熱を取る。

2 深めのボウルに米粉、きな粉、上白糖、塩、ドライイーストを入れ、温めておいた水を加える。ハンドミキサーの高速で2分混ぜる。

3 米油、米粉ペーストを加え、さらに1分混ぜ、サイリウムを加えてゴムべらでよく混ぜる。

4 一次発酵。ボウルにラップをかぶせてオーブンの発酵機能35℃で15分、表面に小さな気泡が出るまで発酵させる。クランベリーを生地に加え、手で均一に混ぜる（a）。

5 台に生地を取り出し、5等分する。生地を平たくし、クリームチーズ1切れをのせて包み込む（b）。外側にクランベリーが出ていると焦げやすいので、なるべく内側に入れる（c）。表面に指で米油少々（分量外）をつけてなめらかにする。

6 二次発酵。オーブンシートを敷いた天板にとじ目を下にしてのせ、霧吹きをする。オーブンの発酵機能35℃で25分以上、少しふっくらするまで発酵させる。オーブンから取り出し、オーブンを160℃に予熱。

7 生地の上部に、クリームチーズがのぞくくらいの深さまでキッチンばさみで切り込みを入れる（d）。庫内と生地にたっぷり霧吹きをし、スチームモード160℃で12分焼き、スチームモード200℃で6分焼く。網にのせて粗熱を取る。

a

b

c

d

肉まん

米粉のパン生地は蒸す調理とも相性がよいです。蒸すと米粉のパサつきが抑えられ、しっとりした生地になります。ここでは、ひき肉を使った餡をたっぷりと入れて肉まんに。せいろで蒸すと、この上ないおいしさ。同じ要領であんまんも作れます。

材料（5個分）
米粉ペースト　米粉5g＋水20g
米粉　145g
きな粉　5g
上白糖　10g
塩　2g
ドライイースト　2g
無調整豆乳　40g
水　90g
米油　8g
サイリウム　5g
餡
　豚肉　120g
　玉ねぎのみじん切り　30g
　塩　小さじ¼
　しょうゆ　小さじ1
　酒　小さじ1
　米粉　小さじ1

準備
・豆乳と水は合わせて電子レンジで温め、30〜35℃にする。

1　米粉ペーストを作る。耐熱容器に米粉と水を入れて混ぜる。ラップをせずに電子レンジで30秒温め、再度混ぜてなめらかにし、粗熱を取る。

2　深めのボウルに米粉、きな粉、上白糖、塩、ドライイーストを入れ、温めておいた豆乳＋水を加える。ハンドミキサーの高速で2分混ぜる。

3　米油、米粉ペーストを加え、さらに1分混ぜ、サイリウムを加えてゴムべらでよく混ぜる。

4　一次発酵。ボウルにラップをかぶせてオーブンの発酵機能35℃で15分、表面に小さな気泡が出るまで発酵させる。

5　餡を作る。ボウルに材料をすべて入れ、粘りが出るまで練る。

6　台に生地を取り出し、5等分にする。軽く打ち粉（分量外）をし、めん棒で、生地のまわりは薄く、中心が厚くなるように直径12cmの円形にのばす。餡の⅕量をのせ(a)、ひだを寄せながら包み(b)、最後は軽くつまんでとめる。

7　二次発酵。オーブンシートを敷いたせいろにとじ目を上にしてのせ(c)、霧吹きをする。オーブンの発酵機能35℃で25分以上、少しふっくらするまで発酵させる。

8　鍋に湯を沸かし、**7**のせいろをのせ、弱火で13分蒸す。蒸し上がったらゆっくりとふたを取る(d)。

a
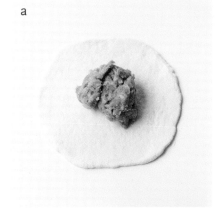

b
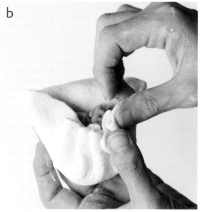

c

d

ピザまん

教室でも子どもたちにも人気なのが、ピザまん。生地は肉まんと同じで、餡を替えただけの簡単アレンジです。p.62のキーマカレーを入れてもいいですね。いずれも、しっとり、もっちりの米粉生地のおいしさが楽しめます。

材料（5個分）
米粉ペースト　米粉5g＋水20g
米粉　145g
きな粉　5g
上白糖　10g
塩　2g
ドライイースト　2g
無調整豆乳　40g
水　90g
米油　8g
サイリウム　5g
餡
　ウィンナーソーセージ　4本
　玉ねぎ　50g
　にんにくのすりおろし　小さじ¼
　トマトケチャップ　25g
　シュレッドチーズ　30g
　米粉　大さじ½
　ドライバジル　少々

準備
・豆乳と水は合わせて電子レンジで温め、30〜35℃にする。

1　米粉ペーストを作る。耐熱容器に米粉と水を入れて混ぜる。ラップをせずに電子レンジで30秒温め、再度混ぜてなめらかにし、粗熱を取る。

2　深めのボウルに米粉、きな粉、上白糖、塩、ドライイーストを入れ、温めておいた豆乳＋水を加える。ハンドミキサーの高速で2分混ぜる。

3　米油、米粉ペーストを加え、さらに1分混ぜ、サイリウムを加えてゴムべらでよく混ぜる。

4　一次発酵。ボウルにラップをかぶせてオーブンの発酵機能35℃で15分、表面に小さな気泡が出るまで発酵させる。

5　餡を作る。ウィンナーは薄い輪切りにし、玉ねぎは1cm角に切る。チーズ以外の材料をすべて耐熱ボウルに入れて混ぜ、電子レンジでラップをせずに2分加熱する。熱いうちにチーズを加えて混ぜてとかし(a)、冷ます。

6　台に生地を取り出し、5等分にする。軽く打ち粉（分量外）をし、めん棒で、生地のまわりが薄く、中心が厚くなるように直径12cmの円形にのばす(b)。餡の⅕量をのせて包み(c)、最後は軽くつまんでとめる。

7　二次発酵。オーブンシートを敷いたせいろにとじ目を下にしてのせ、霧吹きをする(d)。オーブンの発酵機能35℃で25分以上、少しふっくらするまで発酵させる。

8　鍋に湯を沸かし、**7**のせいろをのせ、弱火で13分蒸す。蒸し上がったらゆっくりとふたを取る。

a

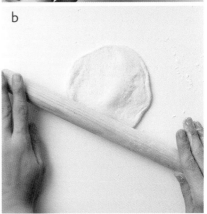

b

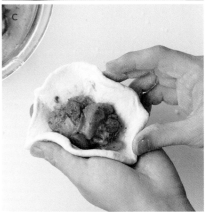

c

d

池田愛実 Ikeda Manami

湘南・辻堂でパン教室「crumb-クラム」主宰。大学在学中にル・コルドンブルー東京校のパン科に通い出し、卒業後は同校のアシスタントを務める。26歳で渡仏し、M.O.F.(フランス国家最優秀職人章)のブーランジェリーで経験を積む。帰国後は都内レストランのパンのレシピ開発や製造に携わり、料理研究家のアシスタントも務める。上質でありながら体にやさしいパン作りを目指す。著書に『レーズン酵母で作るプチパンとお菓子』(文化出版局)などがある。

調理アシスタント　野上律子
　　　　　　　　　マスダアイミ

撮影協力　富澤商店
　　　　　https://tomiz.com/
　　　　　電話 0570-001919

ブックデザイン　若山嘉代子 L'espace
撮影　邑口京一郎
スタイリング　久保百合子
校閲　田中美穂
DTP　佐藤尚美 L'espace
編集　松原京子
　　　浅井香織(文化出版局)

シンプルな生地でいろいろ作れる**米粉パン**

2023年3月19日　第1刷発行

著　者　池田愛実
発行者　清木孝悦
発行所　学校法人文化学園 文化出版局
　　　　〒151-8524　東京都渋谷区代々木3-22-1
　　　　電話03-3299-2565(編集)
　　　　　　　03-3299-2540(営業)
印刷所　凸版印刷株式会社
製本所　大口製本印刷株式会社

文化出版局のホームページ　https://books.bunka.ac.jp/

ISBN978-4-579-21428-0
C5077 ¥1600E

定価1,760円(本体1,600円)⑩